Bibliografische Information der Deutschen Nationalbibliothek:
Die Deutsche Nationalbibliothek verzeichnet diese Publikation in der
Deutschen Nationalbibliografie; detaillierte bibliografische Daten sind im Internet über
http://dnb.dnb.de abrufbar.

© 2017 Heike Schmitt
Herstellung und Verlag:
BoD – Books on Demand, Norderstedt
ISBN: 978-3-7448-1436-2

Heike Schmitt
Madeleine Pfeilsticker

ENGEL des FRIEDENS

Von der **ALL-LIEBE** komm ich her

Im Wassermann-Zeitalter siegt die Wahrheit

Die
Zukunft
wird gewaltfrei sein,
wenn wir es schaffen, Fehler aus der
Vergangenheit
in ihrer Tragweite zu erkennen,
und vernichtende und tödliche Fehler
nicht mehr wiederholen.
Dann kann unsere
Gegenwart
als das
„Goldene Zeitalter"
in die Geschichtsbücher
eingehen.

Heike Schmitt

Inhalt

Vom Himmel hoch, da komm' ich her

Text und Musik: Martin Luther (1535)

Vom Him- mel hoch, da komm' ich her, ich bring' euch gu- te neu- e Mär, der

gu- ten Mär bring' ich so viel, da- von ich sing'n und sa- gen will.

Vom Universum komm ich her,
Ich **ENGEL** lieb die Menschen sehr.
Die LIEBE wird in jedem sein,
denn ihr, ihr seid doch alle mein.

Die "Neue Zeit " verkünde ICH jetzt ,
nie mehr, wird durch Krieg, ein Kind verletzt.
Die größte Macht, die LIEBE ist
Gerechtigkeit man mit ihr misst.

Mein Herz ist voller Dankbarkeit
zu erleben die „Beginnende Wassermann Zeit".
Denn in den Sternen stehen **ALL eure Namen,**
Ich danke dem **Götttlichen** mit einem Amen.

(Text Heike Schmitt)

Einleitung

Astrologie lässt sich auch mit dem Wort „Sternenkunde" beschreiben.
Mit ihr können wir anhand der Planetenkonstellationen die Wirkungsweise
aufzeigen und in einer Grafik sichtbar machen.
Schon allein mit den drei
ICH - Planeten ERDE, MOND und **SONNE**
können eine ganze Menge Charaktereigenschaften erkannt werden.
Die Wirkungsweise/Ausdruckskraft eines Planeten wurde in Jahrtausende
während Beobachtungen erforscht.
Aus diesen entwickelten sich nachweisbare Regeln, die die kosmischen
Einflüsse auf die Menschen bestätigen.
Unsere Begeisterung für Astrologie möchten wir weitertragen mit dieser
Buchreihe:
„Engel des Friedens" „Das Kind ein Stern" „Die Dreieinigkeit Familie" und
„Mutter Erde"
Meine Schwester Madeleine mit Ihren wunderbaren Bildern und Zeichnungen
und ich mit dem Erkenntnisreichen Wissen der Astrologie.
Mit unseren Resonanzkräften tragen wir ALLE zur Heilung von **Mutter ERDE**
bei.
Dieses ENGEL-Horoskop vermittelt, was wir irdischen Menschen hier auf der
ERDE für unsere SEELE erfahren und erleben wollen. Beim Erstellen dieses
Buches haben wir eine immense Entwicklung in Bezug auf unseren Seelenweg
erfahren dürfen, es ist ein kostbares Geschenk.
Als wir vor zwei Jahren anfingen, war uns nicht bewusst, dass es eine **Gnade**
ist, diese schöpferische Tätigkeit tun zu dürfen.
Die Bildern und Grafiken unterstreichen das Thema und können dazu
beitragen, die Astrologie leichter oder besser zu verstehen.

Diese **Engelsfigur** von Planeten gebildet
ist für mich eine Sensation und während ich mich mit diesem Bild
beschäftigte, wurde mir seine wunderbare Kraft
und die sinngebende Bedeutung erst richtig bewusst.
Hier wird für mich die **GÖTTLICHE SCHÖPFERKRAFT** sichtbar.
Ich glaube, auch eine neue Ära in der Astrologie.

„ENGEL des FRIEDENS"

Das Buch möchte den Leser, auf dieses einzigartige Aspekt-Bild
aufmerksam machen.
Noch nie in den dreißig Jahren seit ich Astrologie ausübe,
habe ich so etwas zu sehen bekommen.
Als vor ca. 2160 Jahren der **„Stern von Bethlehem"** die Ankunft
Jesus Christus verkündete, war das zeitgleich mit dem Wechsel vom
Widder-Zeitalter ins **Fische -Zeitalter** verbunden.
An so einem Wechsel steht die Welt wieder und das Horoskop vom
27. 03. 2015
ist für mich wieder so eine Universelle Botschaft an die Menschheit.
Das **Wassermann -Zeitalter** wird vom Engel des Friedens verkündet.
Die nächsten 2160 Jahre stehen im Zeichen der **ALL-LIEBE.**
Die Planeten, die auch als Buchstaben des Universums bezeichnet werden,
haben das Engelbild in den Kosmos geschrieben um es den Menschen sichtbar
zu machen.
Dies ist kein Lehrbuch über Astrologie, sondern die Deutung und
Bedeutung die dieses Engels-Horoskop der Menschheit vermitteln möchte.
Jedoch den Astrologie Kenner möchte ich die Möglichkeit geben,
die Deutung nach zu vollziehen.
Viele Texte in diesem Büchlein wollen über das Gefühl verstanden werden
und es bedarf nicht unbedingt einer Astrologischen Ausbildung
um den Sinn zu verstehen.
Hier darf der Verstand einmal eine Pause einlegen um mit den Augen
in Resonanz zu gehen mit all den Bildern die die Seele,
das Herz und das Gemüt in beglückende Schwingung versetzen wollen.

Astrologie

Astrologie geht in Resonanz mit der Sehnsucht (SINN-SUCHE) der Menschen nach einer heilen Welt.

Da die heile Welt zu einem großen Teil mit dem eigenen **Heil-Sein** erfahren wird, ist es aus meiner persönlichen Erfahrung sehr hilfreich, mit den Erkenntnissen der Astrologie zuerst nach dem eigenen **Heil-Sein** zu streben.

Das Horoskop spricht mit der Symbolsprache zu uns.

Nach heutigen wissenschaftlichen Kriterien wird Astrologie nicht mehr als „Wissenschaft" bezeichnet, sondern nach dem heutigen Sprachgebrauch als Erkenntnis oder Erfahrungslehre.

Dabei ist die Deutung die eigentliche Kunst, die sich in Form von Psychologie, Beobachten, Empathie und Lebenserfahrung zum Ausdruck bringt.

Wenn man bedenkt, dass Astrologie als **Grundwissenschaft** für Biologie, Medizin und Philosophie bis in die Renaissance hinein
an italienischen Universitäten gelehrt wurde,
ist die Astrologie für mich eine besondere Weisheitslehre.

Sie wurde damals als die **„Königin der Wissenschaften"** bezeichnet.

Sie hilft uns, in den individuellen Bereichen, unsere Selbstbestimmung und Selbstverwirklichung zu erkennen und zu leben.

Dieses Wissen wird uns dabei helfen und zeigen, welch großer Nutzen für uns Menschen aus der Astrologie entsteht,
so dass wir Menschen uns vollständig an Seele, Körper und Geist fühlen können.

Wer das Ganze LIEBT

und mit dem Herzen gibt.

Hat den Schlüssel für die Türen

die zu den Seelen der Mitmenschen führen.

Auch wer die Natur liebt,

der fühlt und gibt,

so wie die schöpferische Kraft

die liebevolle Wesen erschafft.

Doch nur weil die Liebe nichts kostet

und es kein Patent dafür gibt

wird geforscht welcher Panzer nie rostet

von dem, der nur den Profit liebt.

Ist das die Wissenschaft unserer Zeit?

Denn geforscht wird am meisten, bei Krankheit, Krieg und Leid.

Doch damit Krieg und Krankheiten nicht mehr geschehen,

Muss man sich die Liebe und den Frieden genau ansehen.

Warum erforschen wir so wenig, die seelische Liebes-Kraft ?

die in vielen Fällen gesund werden schafft.

Und jeder der vergibt,

auch von Herzen LIEBT

Heike Schmitt

Dieses Frieden-Symbol

trägt in sich die **GÖTTLICHE** magische Kraft, dass fast jeder der es sieht und berührt, sich überzeugen kann, von der Kraft, die darin wirkend gespürt und festgestellt werden kann, natürlich nur, wenn dieser Mensch dies möchte.
Dieses Symbol ist etwas ganz Besonderes und Wertvolles, denn fast jeder kann mit eigenen Augen sehen wie eine Stärke sichtbar und fühlbar auftritt, wenn man seine Hand auf das Frieden-Symbol legt.

Legen Sie als **Rechtshänder** ihre **LINKE** Hand auf das Friedenssymbol, denn hier ist links ihre **GEFÜHLSSEITE**.
Als **Linkshänder** ihre **RECHTE** Hand auf das Friedenssymbol, denn hier ist rechts ihre **GEFÜHLSSEITE**:
Die Gehirnhälften spielen hier eine Rolle.

Nun nehmen sie, wenn sie haben, ein 5 kg Gewicht und heben sie diese hoch, danach nehmen sie ihre Hand von dem Friedenssymbol weg und heben das Gewicht erneut hoch und sie werden verblüfft sein was dann geschieht.
Lassen sie sich überraschen!

Viele Menschen spüren die Kraft, auch ohne dieses Experiment.

Bitte kopieren und verteilen sie dieses Wissen an alle die sie LIEBEN und wertschätzen.
Die Kraft, die dieses Symbol hat, bedeutet „WELTFRIEDEN"
In jedem meiner Bücher steht ab heute
das **Friedenssymbol** auf „**Seite 17**"
denn „**17**" ist eine magische Zahl.

Das **Frieden** - und **Freiheitssymbol**,
das die Planeten, als sichtbares Zeichen,
für den Beginn des Wassermann - Zeitalter,
uns Menschen, vom **GÖTTLICHEN** gesandt wurde.

FRIEDEN

Der **FRIEDEN** nimmt den Krieg in den Arm.
Jetzt werden die eiskalten Herzen warm.
Wir werden endlich

Denn das Licht wird siegen.
Ja, das Licht gewinnt,
weil wir uns einig sind.
In Liebe verbunden,
wird das Leid überwunden.
Wenn jeder **SAULUS** ein **PAULUS** ist,
Hat die Welt in den Menschen den **CHRIST.**
Denn **JESUS CHRISTUS, GOTTES SOHN,**
gab seine Liebe uns immer schon.
Wer nach **Heiligen Kriegen** schreit,
ist skrupellos und die „Religionen" gehen zu weit.
Religionen müssen verbinden
und nicht die Völker schinden.
Unter falscher Flagge, **VÖLKERMORDE** entfachen,
um danach **„scheinheilig den ERRETTER"** zu machen.
Sind das **REPTILIEN,**
die kein Erbarmen fühlen?

Heike Schmitt

Erklärung

Die beiden Worte **Frieden** und **Kriege** verschmelzen in der Mitte der polaren
Achse zu einer neuen energetischen Ausdruckskraft.
Der Frieden umarmt den Krieg.
Aus diesen beiden gegensätzlichen Energien wird Dank der LIEBE und der
WEISHEIT diese dritte Kraft geboren. Wenn wir **ALLE** auf der ganzen Welt in dieser
Energie sprechen, schreiben, lesen, denken, wird ein nicht mehr aufzuhaltender
Geisteswandel alle Völker der Erde in Seligkeit und Göttlichkeit erfassen.
Die Energie dieser beiden Worte ineinander hat sich in eine neue Ausdrucksform
gewandelt. Da es eine ganz neue Universelle Energie ist.

6299995745555 (Numerologie)
Frieden/6995455   Kriege/299755

Zahlen werden auf der Welt unmissverständlich verstanden, während Worte,
sich in ihrer Aussage verändern können.
In den meisten Ländern der Erde behalten Zahlen ihren festgeschriebenen Wert.
Ich glaube, fast jeder Mensch spürt diese heilsame Energie. Wenn man hört:
„Der FRIEDEN umarmt den KRIEG."
Hier sind diese beiden gegensätzlichen Energien in Weisheit transformiert zu einer
"GÖTTLICHEN UNIVERSELLEN LEBENSKRAFT."
Denn wenn die hellen und dunklen Kräfte im Einklang sind, ist die Ausgewogenheit
erreicht und es erscheint eine dritte Kraft:
LIEBENDE - WEISHEIT!
Die Kenntnis über diese einmalige Kraft,
wird in jedem Menschen Freude und LIEBE erzeugen.

Ein epochales Horoskop

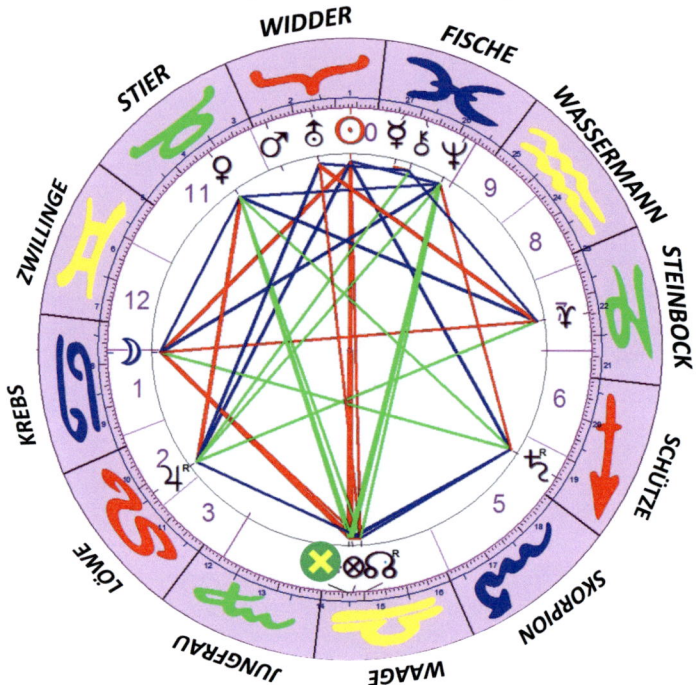

Ich habe das Horoskop in die sich ergänzenden Aspekte (von gleicher Farbe) gegliedert und kam zu der Erkenntnis, dass diese Art der astrologischen Deutung stärker in den Fokus gerückt werden sollte.

Früher wurde nach Problemen und Spannungsthemen geschaut.

Heute schaue ich nach dem Entwicklungspotenzial, dass sich im Horoskop zu erkennen gibt. Meine Erkenntnisse aus diesem Horoskop ergaben, mehr nach den Resonanzen der ergänzenden Planetenkräfte zu schauen.

Dabei machte ich ganz erstaunliche und bedeutsame Erfahrungen, indem ich die Entfaltungsmöglichkeiten erkenne und ausspreche, haben sie die Chance, sich zu materialisieren.

27.März 2015

Dieses Horoskop wurde mit den Planeten,
auch Buchstaben des Universums bezeichnet, geschrieben.
Der **„Stern von Betlehem"** verkündete damals den Menschen die Geburt Jesus.

„Sternenweisheit"

macht nach ca. 2160 Jahren wieder ein epochales Ereignis sichtbar.
Bei Jesus war es der Zeichenwechsel vom
„WIDDER- Zeitalter ins FISCHE- Zeitalter".
Diese Wechsel bedeuten eine große Veränderung für die Menschheit.
Dieses Horoskop weist mich darauf hin,
dass das **Wassermann-Zeitalter** begonnen hat.
Diese neue Epoche bringt uns eine noch nie da gewesene Bereitschaft,
im „GÖTTLICHEN SINN"
auf der ERDE unser irdisches Leben zu erfahren.
Unser Dasein ist erfüllt mit

„Nächstenliebe".

Die Luft ist rein, das Wasser klar,
die ERDE gesund und das Feuer der LIEBE all gegenwärtig.
Wir Menschen haben das PARADIES wieder.
Es ist schön zu Leben.

Die 3 ICH-Planeten

SONNE-Willens ICH
ERDE-Körper-ICH
MOND-Gefühls-ICH

Diese drei möchte ich, da es unsere ICH-Planeten sind, anhand des Engels beschreiben.
Jeder kann dabei mit diesen symbolischen Kräften in Resonanz gehen.
Durch das Erstellen eines Horoskops, hat ein/e Astrologe/in mit seinem/ihrem Wissen die Möglichkeit, die Anlagen und Möglichkeiten dem Horoskop - Inhaber bewusst zu machen.
Nun beginne ich die 10 Planeten des ENGELs zu beschreiben.
Solange die **ERDE** fehlte, waren die unterbewussten Wahrnehmungen der Frauen um 33 % eingeschränkt da die Resonanz dazu nicht erkannt wurde.
Die Farben symbolisieren die Elementen Energien:
ERDE grün, **WASSER blau**, **FEUER rot**, **LUFT gelb**.
Diese guten liebevollen Kräfte, die für den Bewusstseinswandel gebraucht werden, gehen mit der Sehnsucht der Menschen nach Frieden in Resonanz.
Das kleine Buch **„Engel des Friedens" von der All-Liebe komm ich her,** will in die Welt hinaus um mitzuhelfen die „**Kritische Masse**" zu erreichen um den Wandel **Frieden und All-Liebe** zu Sichern.
Der Beginn des Wassermann-Zeitalters hat sich für mich, in diesem epochalen Horoskop unübersehbar in Erscheinung gebracht."
Je mehr Menschen, besonders wir Frauen, die **ERDE** mit unserem erwachten Bewusstsein und einer bewussten **Wahrheit den Raum geben**, desto deutlicher wird ein nicht mehr aufzuhaltender Geisteswandel eintreten und die Menschheit aus der Tyrannei des satanischen Machtsystems befreien.

Die ERDE ist unser Paradies

Auf der **Erde** erfährt der Mensch sein Glück und meistert seine **Lebensaufgabe. Erde, Glückspunkt und Mondknoten sind miteinander verschmolzen!**
Mondknoten unsere Lebensaufgabe und der Glückspunkt zeigt, wie und wo wir unser Glück erkennen können, um es aktiv in unser Leben zu integrieren.
Diplomatie und Harmonie werden durch das Tierkreiszeichen WAAGE unterstützt.
Als nächster Planet kommt SATURN im SCHÜTZEN, das Thema
„Stirb und Werde". Was will sterben, was neu geboren werden, was neu erfahren, was neu gelebt werden?
Dank der Weisheit des SCHÜTZE-Zeichens
gelingt ein mutiger Umgang mit dem Wechsel in ein
„Neues Zeitalter"
und ein erfolgreicher Neuanfang.
Die SONNE am Zenit befindet sich in ihrem stärksten Wirkungsbereich.
Das WIDDER-Zeichen mit seiner Startkraft hat das ZIEL, eine friedvolle Welt immer im Blick zu haben.
Die **Neugeburt** ins **Wassermann-Zeitalter** ist vergleichbar mit dem **AC** = Anfang eines Menschenlebens im Horoskop.
Die gewandelte, fühlende Feuerkraft geht zum Löwen, in dem sich hier der Kreis schließt.
Die **„Neue Menschheit",**
die die Fähigkeit besitzt, im Fühlen und Handeln gleichzeitig zu sein.
Erfährt sich im **„ICH BIN ALL-LIEBE und MENSCH":**
Durch die WAAGE im 4. Haus KREBS wird das Feuer transformiert in geistige und fühlende Kräfte. Die Parole lautet. **Die ERDE ist das Paradies für ALLE.**

 Erde-Symbole ♁

Das Bild des **Engels des Friedens** zeigt uns mit seinen blauen Aspekten, dass wir durch diese Konstellation viel Unterstützung erfahren.

Um das Aspekt-Bild Engel zu deuten, werden Planeten, Tierkreiszeichen und die Häuser mit ihren symbolischen Bedeutungen und Entsprechungen angeschaut. Für mich stellte sich die Frage:

Was will der ENGEL der Menschheit sagen? Welche Erkenntnisse können wir nützen und welche schmerzlichen Erfahrungen können gemildert oder gar über den Erkenntnisprozess vermieden werden?

Mit der Zusammenfassung von den Planeten, Tierkreiszeichen und Häusern möchte ich Ihnen zeigen, wie viel Potenzial und prägnante Logik in diesem Horoskop-Bild zu erkennen ist.

Es ist schon bemerkenswert, dass der Engel aus 10 Planeten gebildet wird, dazu in 8 Tierkreiszeichen steht und mit 7 Häuserthemen dem Ganzen seinen tiefen Sinn gibt. Besonders fasziniert hat mich, dass alles so angeordnet ist, wie man es sich besser nicht hätte vorstellen können.

Es ist einfach PERFEKT.

Die Wasser- und Erde-Thematik sehen wir in den Flügeln, deren Symbolkraft sich wirkend zeigt. Die Feuerzeichen WIDDER/Startkraft, LÖWE/ Selbstbewusstsein und SCHÜTZE/ Weisheit stehen im WIDDER 10. Haus.
Die Planeten SONNE und MARS sind beides Feuerzeichen.
An dieser Stelle besteht eine dreifache Feuerenergie für Startkraft, Selbstbewusstsein und Weisheit.
Im LÖWEN steht JUPITER, der Glücks-Planet, und im SCHÜTZEN steht SATURN 5.Haus Skorpion mit seinen Themen „ Stirb und Werde".
Mit Feuereifer wird, wenn nötig, den blauen Aspekten Dampf gemacht, weil diese dynamische Kraft zur Verwirklichung gebraucht wird.
Die WIDDER Feuerkraft wird im Engel durch die blauen Aspekte in eine heilsame und friedvolle Energie transformiert.
Feuer/Lebensfunken und Wasser/Gefühl verbinden sich, um gemeinsam dem Leben zu dienen. Jeder gibt seine Kraft und ist offen für die Kraft des anderen.
Die Feuer-Energie beginnt im WIDDER-Zeichen/Startkraft mit URANUS/Idealist und Weltverbesserer.
Geht zum JUPITER unseren **Glücksplaneten**, der im LÖWEN steht, wandert zum WAGGE-Zeichen und trifft dort auf die **ERDE** und den **Mondknoten/ Lebensaufgabe**.
Der Glückspunkt ist zwar nur ein rechnerischer Punkt, jedoch sehr hilfreich beim Verwirklichen unseres Glückspotenzials.
Diese drei befinden sich in einer Konjunktion, die ich als Verbinden oder Verschmelzen deute.
Da sich diese drei im WAAGE-Zeichen befinden und im Kollektivraum stehen, bekommt das für mich noch eine zusätzliche Aussagekraft.
Das **Glück** für die Menschen und der **Erde** wird mit der **Lebensaufgabe Diplomatie und Harmonie in Erfüllung gehen.**

Gebrochener Flügel

Erde
Mondknoten/Lebensaufgabe
Glückspunk

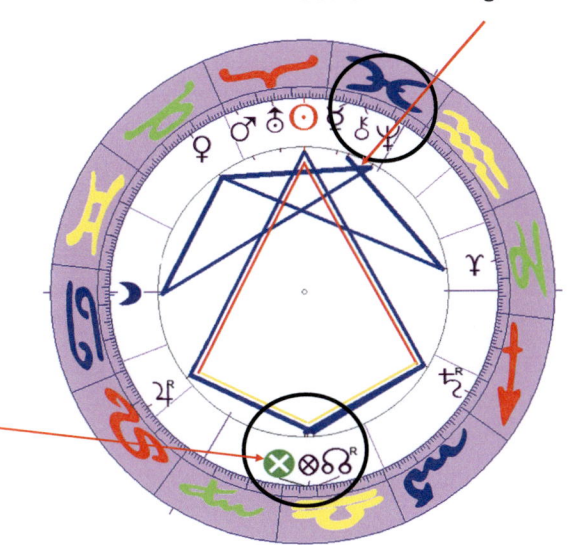

sind ein elementarer Hinweis für den
ZEITENWANDEL in das
GOLDENE - ZEITALTER.
Diese Konjunktion sagt mehr als
1000 Worte.

Der Engel bildet, wie man sehen kann, zu allen drei Feuerzeichen eine
Aspekt-Linien. ♈ Widder, ♌ Löwe, ♐ Schütze
In der Mitte des Saumes vom Kleid wechselt die Feuerenergie
in das Luftzeichen ♎ Waage, um danach wieder in der Feuerenergie zu wirken.
In der Astrologie sind blaue Aspekte die harmonischen, kreativen und positiven
Ausdrucksformen, die auch symbolisch der Wasserqualität entsprechen.
Trigon 120 Grad und Halbsechstil 60 Grad.
Sie lassen die Talente und Fertigkeiten erkennen und unterstützen sie.
Jupiter und Uranus bewirken, dass die Liebesenergie dieses Engels besonders
stark wirksam ist,
dass das Ziel **„GOLDENES ZEITALTER"** gelingt.

Gebrochener Flügel

Der Mond steht fast gradgenau am AC (Geburtszeit) im 1. ♈ HAUS
in seinem Tierkreiszeichen KREBS und zeigt uns wie wichtig es ist,
unseren Gefühlen Ausdruck zu geben und Nächstenliebe zu leben.
Auch das **Mond-Kind** im **Engel,** das sogar in seinem Tierkreiszeichen Krebs steht,
bringt seine emotionale Kraft stark und klar in Erscheinung.
Dadurch entsteht eine vom Mond- Kind ausgehende Liebe,
die die Lebenskraft auf der Erde in einer noch nie da gewesenen
Ausdrucksform beseelt.
Der einen Flügel beginnt mit dem Mond am AC/1. Haus,
dann trifft der Blaue Aspekt die Venus und schließt mit Neptun.
Venus im Tierkreiszeichen Stier 11. Haus und Neptun im 10. Haus,
der eine Flügel ist heil.

Der andere Flügel jedoch ist gebrochen,
was mit Chiron im 10. Haus Fische, Pluto
7. Haus Waage und 11. Haus Stier sichtbar wird.
Diese Stelle im Horoskop bewegte mich sehr,
denn wenn ich darüber nachdenke,
wie schmerzhaft es für den Engel sein muss,
zu uns Menschen herunter auf die Erde zu fliegen
um uns die göttliche Botschaft des
„Goldenen Zeitalters"
zu bringen und wir Menschen scheinbar lieber
schlafen wollen.
Bitte wacht auf !

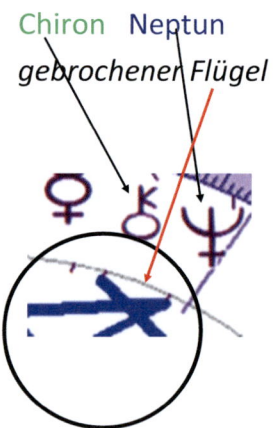

Chiron Neptun
gebrochener Flügel

Die 10 Planeten die den Engels bilden

ERDE

MOND

SONNE

JUPITER

SATURN

VENUS

CHIRON

PLUTO

URANUS

NEPTUN

Die 12 Planeten komplett mit ERDE und CHIRON

Widder	Stier	Zwilling	Krebs	Löwe	Jungfrau	Waage	Skorpion	Schütze	Steinbock	Wassermann	Fische
Mars	Erde	Merkur	Mond	Sonne	Chiron	Venus	Pluto	Jupiter	Saturn	Uranus	Neptun

Astrologisches EIN MAL EINS

1. Haus entspricht WIDDER entspricht MARS entspricht Startkraft/Willen

2. Haus entspricht STIER entspricht ERDE entspricht **Körper-Ich**/Heimat

3. Haus entspricht ZWILLINGE entspricht MERKUR entspricht Information/Wissen

4. Haus entspricht KREBS entspricht MOND entspricht **Gefühls-Ich**/Kindheit

5. Haus entspricht LÖWE entspricht SONNE entspricht **Willens-Ich/**
Selbstbewusstsein

6. Haus entspricht JUNGFRAU entspricht CHIRON entspricht Sorgfalt/Dienen

7. Haus entspricht WAAGE entspricht VENUS entspricht Ausgleich/DU-Ergänzung

8. Haus entspricht PLUTO entspricht SKORPION entspricht Hingabe/Schöpferkraft

9. Haus entspricht SCHÜTZE entspricht JUPITER entspricht Weisheit/Begeisterung

10. Haus entspricht STEINBOCK entspricht SATURN entspricht Mut/Verantwortung

11. Haus entspricht WASSERMANN entspricht URANUS entspricht Freunde/Ideale

12. Haus entspricht FISCHE entspricht NEPTUN entspricht **ALL-LIEBE/**Mitgefühl

Mit dieser Tabelle zeigt die Astrologie wie logisch sie aufbaut ist.
Sie ist auf der einen Seite einfach und auf der Anderen rätselhaft, so wie ein Buch
mit den sprichwörtlichen sieben Sigeln.
Diese Tabelle zeigt, dass die Astrologie aus 36 Bausteinen besteht, die sich in
verschiedenen Erscheinungsformen entsprechen und analog wirken.
Mit diesen Entsprechungen bekommen wir Einblick in die Astrologie.

ERDE, SONNE und MOND

Das ERDE-Thema

MÜTTERLICH, LEBEN schenkend, nährend,
sinnlich das Leben genießen, meinen Reichtum mit anderen teilen,
Lebenslust und Lebenskraft zum Ausdruck bringen,
solide und praktisch sein.
Fülle/Reichtum.

Das SONNEN-Thema

Die GÖTTLICHE SCHÖPFERKRAFT.
ICH mit meinen Talenten und Fähigkeiten stehe für Schwächere ein,
gebe ihnen Dank meiner Kraft Schutz und Wärme.
Mit meinem Selbstvertrauen und meinem Selbstwert
bin ICH ein Vorbild für die, die es brauchen.
Selbstgewissheit.

Das MOND-Thema

Mein Leben ist gefühlvoll.
Meine kindliche Seele braucht den Schutz und die Geborgenheit
der Familie und die Heimat.
LIEBE, Nähe und Tradition geben Sicherheit.
Mein Vater-SONNE wärmt mich, meine Mutter-ERDE nährt mich,
Ich bin Gefühl.

ERDE

Da die ERDE im 4. Haus in der WAAGE steht,
will die Harmonie als ein Grundbedürfnis gelebt werden.
„Dieser Platz hier, mit der ERDE im Kollektivraum, kann kein Zufall sein".
Denn nirgendwo im Horoskop stände die ERDE bedeutsamer
als im hier im Kollektivraum.
Dort berührt der ENGEL mit dem Saum seines Kleides die ERDE,
was auch von großer symbolischer Bedeutung ist.
Hier verbindet sich der himmlische GOTT - VATER/ SONNE
mit unserer liebenden irdischen GÖTTIN - MUTTER /ERDE.
Sie sehen sich im Individual-und dem Kollektivraum
vertrauensvoll in die Augen,
was auch gleichbedeutend ist,
miteinander auf AUGENHÖHE zu sein.
Was will der ENGEL der Menschheit sagen?
„Wacht auf, euer Traum vom Paradies ist Wirklichkeit"
„Das entspricht auch dem **WASSERMANN-ZEITALTER",**
und dem Zeitalter einer gleichberechtigten Partnerschaft,
die jetzt von Frau und Mann erfüllend gelebt werden kann".

Die Zeit ist reif .

In diesem Buch wird die Symbolik und die Charakter-Eigenschaften, die sich über
die Planeten zum Ausdruck bringen, beschrieben.
In die **Tierkreiszeichen -Thematik werde ich im Buch „Das Kind ein Stern"**
eingehen und das
Häuserthema in „Erkenntnis- Astrologie" für all diejenigen, die so neugierig sind
und etwas mehr darüber wissen wollen.

Zum Bild

Die ERDE ist als schwangere
Frau dargestellt.
Grund:
Madonna mit Kind ist eine = patriarchalische Vorstellung.
Sobald das Kind geboren ist, ist dieses Kind des Mannes Besitz.
Aber es kann auch das Kind eines anderen Vaters sein.
Auch die Fantasie, die verheiratete Frau ist Mutter und Heilige.
Die unverheiratete Mutter wird in einigen Ländern noch immer
als Hure gebrandmarkt.
So kann die Angst vom Vater, doch nicht der Vater des Kindes zu sein,
ignoriert werden.
Und jede sexuelle Beziehung einer Frau, die außerhalb einer Ehe
eingegangen wird kann verteufelt werden.
Wenn die Frau schwanger ist, kann das Kind trotzdem
aus der Zeugungskraft eines anderen Mannes stammen,
jedoch niemals getrennt betrachtet werden
von der Frau und werdenden Mutter. Die ERDE geht
permanent schwanger, doch Samen und Eizelle
stammen von 100 000 unterschiedlichen Wesen.
Ich fühle, Großzügigkeit ist das Wesen der ERDE,
genau so wie Heimat.
ICH bin HEIMAT ?
ICH bin ERDE ?
M.P.

Erde

Zum Bild

Als Läufer,
ähnlich wie beim Olympischen Feuer,
das von Ort A nach Ort B
zu den olympischen Spielen transportiert wird.
Die olympischen Spiele werden alle vier Jahre veranstaltet.
Die SONNE erscheint jeden Tag.
Vater/SONNE trägt das Licht den-Tag- auf seinen Schultern.
ER löst die Nacht ab.
Wo Licht ist, ist die Nacht nicht.
Wo Nacht ist, ist der Tag nicht.
Feuer ist sein Wesen.
Kann es nur das Matriarchat geben oder das Patriarchat?
Ist das NEUE möglich?
Beide gleichzeitig MUTTER und VATER - TAG und NACHT!
Instinkt und Bewusstsein.
Der Umhang außen goldenes Licht, dunkel innen die Nacht.
Der dunkle Randstreifen im Bild stellt die Nacht dar.
Da wo die SONNE erscheint,
erstrahlt das Morgenrot
und der Tag beginnt.
M. P.

Sonne

SONNE

Die SONNE steht im 10. HAUS
des Tierkreiszeichens WIDDER/ Startkraft, Zeugungskraft und Lebenskraft
betonen die Vater-SONNE.
Hier am Zenit und ihrem Individualraum bringt
die SONNE ihre ICH Kraft souverän und großzügig in Erscheinung.
Sie gibt ihr Licht und ihre Energie in den kosmische Raum
und erfüllt diesen Teil des Universums,
in dem sie sich bewegt,
mit Licht und Wärme und mit Leben auf der ERDE.
Ein Familienvater mit so einer starken SONNE
wird zum Vorbild und ER ist der BESCHÜTZER für die ganze Familie.
Mit dieser SONNEN Kraft
wird im GOLDENEN ZEITALTER kein Mangel mehr sein.

Mond

Im Tierkreiszeichen Krebs und im **1. Haus steht der Mond.**
Hier am AC beginnt der Start ins Leben.
Die Geburt des ICH´s und mit dem ersten selbstständigen Atemzug.
Im Lebensraum des 1. Hauses bin ICH noch ganz **EINS** mit mir selbst.
Das Mond-Kind im 1. Haus, steht hier genau in der Mitte, zwischen Vater Sonne und Mutter Erde.
Sein Persönlichkeits-Merkmal tritt als zärtliche Liebe in Erscheinung.
Ich will geliebt werden fordert sein Egoanteil.
Dass das Mond-Kind genau zwischen Sonne/Vater und Erde/Mutter steht,
ist für mich ein Hinweis darauf, dass das Mond-Kind von jedem Elternteil die gleichen intensiven Charakter-Eigenschaften in sich trägt.
Das Mond- Kind spürt, die eine Hälfte meiner Anlagen, habe ich von meiner Mutter, die andere von meinem Vater.
Ich bin glücklich, dass ich das alles durch **EUCH BIN**.
In Vollmondnächten wird der MOND von der SONNE, in strahlendes Licht gehüllt
und die Gefühle sind erfüllt von geheimnisvollen Kräften.
In Vollmondnächten erstrahlt das MOND - KIND
fast so groß am Himmel, wie sein Vater die SONNE.
Bei Neumond werden die Nächte nur von Sternen erleuchtet und der Mond scheint nicht mehr zu existieren.
Auch mit unserer Gefühlsintensität geht es auf und ab.
Alles mondhafte ist auch kindhaft und wandelbar.
Die Seele ist der göttliche Teil in dem Menschen.
Mit der Astrologie können Zusammenhänge zwischen der Menschenseele und unserer Lebenshaltung sowie unserem Schicksal erkannt werden.

Zum Bild

Das Kind / Mädchen,
es hält in ihren Händen einen Vogel.
Er verkörpert das reflektierte Licht der SONNE.
Sie lässt ihn frei - abnehmender Mond.
Sie fängt ihn wieder ein Neumond,
zunehmender Mond bis zum Vollmond.
Auf dem Bild ist der Vogel halb da oder halb weg.
Das Kind ist vergnügt, verschmitzt, weise.
Ich komme, bin voll da und gehe.
Die Strahlen um es verkörpern
das reflektierte Licht der SONNE.
Ich bin die Reflektionsfläche.
Nutze mich! Zu deinem, meinem und aller Wohl.
Ich lebe. Ich liebe. Ich fühle.
Das Leben ist ein Traum in einem Traum.
Wunderbar-schau auf mich und
erkenne DICH SELBST.
M.P.

Mond

CHIRON, JUPITER, SATURN
sind die kreativen Planetenkräfte.

Das **CHIRON-Thema**
Dem Leben heilsam begegnen.
Ich bin ein Mittler und ein Bindeglied.
Ich diene und helfe.
Als Verletzter Heiler kenne ich den SCHMERZ und die ÄNGSTE.
Deine NOT ist auch meine NOT.
Dienen und helfen

Das **JUPITER-Thema**
Dem Leben erkennend begegnen.
Die eigene Unabhängigkeit und Freiheit finden.
Nach eigenen Vorstellungen leben.
Die Weisheit zum Wohle ALLER einsetzen.
Einsicht

Das **SATURN-Thema**
Dem Leben anspruchsvoll begegnen.
Sich selbst in die Pflicht nehmen.
Erfolg und Wahrheit suchen.
Klar und ordnend sein.
Maß

CHIRON

steht im 10. Haus in den FISCHEN.
An dieser Stelle sieht es so aus,
als wäre der Flügel verletzt.
Dass CHIRON an dieser Stelle steht,
ist für mich ein Hinweis auf die Bedeutung,
die CHIRON im Horoskop hat.
Als der Verwundete HEILER in den FISCHEN
ist er symbolisch die Hoffnung der Kranken und Verletzten
auf Gesundung und Heilung.
Der Engel fragt sich:
Brach mein rechter Flügel,
als man Mutter ERDE als Deutungssymbol
im Horoskop ignorierte
oder bewusst ausschloss?
Kann der Engel erst heil sein,
wenn Mutter-ERDE wieder ihren Platz einnimmt
und der **Göttlicher Plan erfüllt ist**?
Sie befinden sich alle drei im ENGEL.
Das bedeutet, diese Kräfte zu erfahren und zu leben.
Wenn wir sie zum Ausdruck bringen, stärken wir unsere Gesundheit
und fördern unsere Weisheit und Glücklich sein.
SATURN macht uns überlebensfähig.

Zum Bild

Dargestellt sind drei Personen,
alle haben einen äußeren Makel.
Jedoch dieser Makel fördert Liebe und Mitgefühl
in jedem von ihnen. Sensibilität als „Minensucher"
für die Leiden anderer.
Mitgefühl statt Mitleid.
Wo ist die Grenze?
Doch es gibt eine Entscheidung für Heilung.
Die Folgen sind wie in der Mythologie
für CHIRON unabsehbar!
CHIRON wird erlöst,
sterblich und in den Sternenhimmel befördert.
„Poseidon ist hierfür der Auslöser."
M.P.

Chiron

Zum Bild

Nackte Frau in der Natur,
umgeben von verschiedenen Tierarten.
Beispiel für die Vielschichtigkeit des Instinkts.
Nackt ist sie, weil Instinkt,
Bewusstsein und Weisheit in ihrem Wesen nackt sind.
Nicht bedeckt, nicht bekleidet, sondern direkt, brüskierend ,
herausfordernd.
Nicht weil sie es so wollen, sondern weil sie so sind.
Sie sind platziert und schlafen.
Doch geweckt sind sie, unmittelbar, überraschend.
Sie sind so und sie machen es mit uns.
Warum wird der Eine oder Andere wach oder schläft?
Es fällt ein Spiegel auf sie und bums:
Wir sind überwältigt.
Voller Vertrauen
lege ich meine Hände in mein
Instinkt-Bewusstsein.
M. P.

Jupiter M. ♂ 15

JUPITER

befindet sich im
Tierkreiszeichen LÖWE im 2. HAUS.
Er wird durch den LÖWEN energetisch mit Feuer betont und hat
somit seine Feuerbetonung verstärkt.
JUPITER als der Glücksplanet
und LÖWE als König/Königin haben folgende Aussage:
Da der ENGEL mit dem Saum seines Kleides die ERDE berührt,
ist erkennbar,
dass der Himmel Mutter ERDE einhüllt,
um sie vor Angriffen zu schützen.
Das Wassermann -Zeitalter hat begonnen
und nun beginnt für die Menschheit eine glückliche
und friedvolle Zeit,
in der sich jeder königlich zum Ausdruck bringen soll.
Selbstbewusst und erhobenen Hauptes
soll jeder Mensch seinen Lebens- und Seelenweg gehen .

SATURN

steht im 5. Haus im Tierkreiszeichen SCHÜTZE.
Wenn die Weisheit des SCHÜTZEN und
die Gerechtigkeit des SATURNS
und das Selbstbewusstsein des 5. Hauses
frei zum Ausdruck gebracht werden,
leben wir im **„GOLDENEN ZEITALTER".**
SATURN bringt uns dazu,
unsere Aufgaben in diesem Leben zu erfüllen.
Im 5. Haus wird SATURN aufgefordert,
sich seinen Fähigkeiten und Talenten selbstbewusst
und souverän zu stellen.
Er unterstützt klar und konzentriert,
was die Welt braucht.

Zum Bild

Winterlandschaft
Situation Kargheit von Nahrung,
Wärme, Wohlgefühl, Umgebung.
Herausforderung der Lebenskräfte.
Alles Überflüssige wird abgestoßen.
Der Witz dabei ist,
wir treffen auf überraschendes Potenzial
und überraschende Schaffenskraft in uns.
Alles was keinen oder wenig Lebenswillen mehr hat,
wird überprüft, aufpoliert oder entsorgt.
Reine Lebensfreude bricht sich Bahn,
Erkenntnisse meiner Selbst in ganz neuer Form überraschen mich.
Herzliches Lachen, verschütteter Humor zeigen sich.
Selbstbefreiung aus alten Muster und Gewohnheiten.
Neu erschaffen aus dem, was jetzt da ist.
Alte Gewohnheitsmuster sprechen dagegen - na und:
Bin ich an alte Muster unwiderruflich gefesselt?
Niemals!
Jeden Moment tritt Neues hervor.
Super, weiter so!
M. P.

Saturn

ħ

PLUTO, URANUS, NEPTUN

Die drei geistigen Planeten sind überpersönliche Wesenskräfte.
Im Individuellen und im Kollektiv ist der Zeitgeist über Generationen zu erkennen.
ALL-Liebe NEPTUN, Schöpferkraft PLUTO und Idealist URANUS setzen ihre Macht zum WOHLE der Menschheit ein.
Diese drei Planeten haben eine Leitbildfunktion sowie Evolutionscharakter.
Sie symbolisieren den Zeitgeist, der die Geschichte beeinflusst und die gegenwärtigen Geschehnisse mitbestimmt.
Das Bewusstsein der gesamten Menschheit hat sich seit ihrer Entdeckung verwandelt.
Jetzt im Wassermann-Zeitalter werden sie mit ihrer Menschenliebe auf das Kollektivschicksal einwirken.

Das **PLUTO-Thema**,
dem Leben hinterfragend begegnen.
Sich selbst überwinden. Verbindlich und zuverlässig sein.
Hingabe

Das **NEPTUN-Thema**,
dem Leben vertrauensvoll begegnen
ALL-EINS-SEIN mit GOTT Sich selbst zurücknehmen. Mitfühlen und intuitiv sein.
All-Liebe

Das **URANUS-Thema**,
dem Leben erfinderisch begegnen. Freundschaften schließen und halten.
Die WELT verbessern und human sein.
Umbruch

PLUTO

Im 7. Haus Tierkreiszeichen Steinbock
haben Partnerschaft, Diplomatie, Wahrheit und Austausch
eine zentrale Stellung.
In den vergangenen Jahrtausende wurde die Welt von Herrschern regierte
und es ist an der Zeit, dass Frauen und Männer das Weltgeschehen
zum **Wohle ALLER** lenken.
Es ist nicht im Sinne der Frauen,
Männer zu demütigen und klein zu machen, sondern:
Starke Frauen wollen starke Männer an ihrer Seite!
Ich denke sogar, dass das Überleben der Menschheit
nur möglich wird durch den Zusammenhalt und die Ergänzung
von Frau und Mann und den Menschen,
die voll **ALL-LIEBE** zum Mitmenschen geworden sind.
Wenn wir uns die ERDE als Vorbild nehmen, können wir sehen,
dass Wachstum nur in gesundem Maß geschehen darf und nicht allein,
um die Märkte zu befriedigen.
Sieger und Verlierer wird es in den Spielregeln dann nicht mehr geben,
denn das Spiel wird so gespielt werden, dass ALLE Gewinner sind .

Der gebrochene Flügel des Engels geht in

HEILUNG
weil die Zeit reif ist!
Gesegnete WASSERMANN-ZEIT

Zum Bild

Mein erster Impuls war,
die Menschen darzustellen, wie sie mit den Augen
dem Begattungsflug der Bienen folgen. Jedoch als ich dabei
war, das Bild zu malen, fielen mir meine beiden wunderschönen,
teilweise verblühten Amaryllis, pink und lila, ins Auge.
Ein innerer Impuls entfachte meine Begeisterung für diese beiden Blüten
und mein Gefühl sagte mir, Sexualität ist wie diese Blüten.
Knospe, erblühend, voll erblüht, welkend im Wandel.
Und wie der Schmetterling aus der Raupe zur Puppe und wieder zum
Schmetterling wird, wird die Knospe zur Blüte, zum Samen und wieder
zur Blüte. Die Menschen werden zeitweise von ihr gefärbt. Das Gold
der Wandlung haftet jedem an. Doch im Angesicht der vollen
Entfaltung der Sexualität verblassen alle anderen Bedürfnisse.
Gleichzeitig geht es mir wie den frühen Ägyptern.
Sie stellten eine Vase in ihrer Form dar, aber das Nachbilden der Natur,
empfanden sie als Hindernis für den Betrachter. Das Bild, neu in sich
entstehen zu lassen. Wie kann ich mich erdreisten, Sexualität in ihrer
Natur darstellen zu können! Beispiel Liebe: das Heranwachsen eines
Kindes. Es entwickelt sich, ist jedoch in jeder Phase,
je nach Entwicklungsstand, 100% identisch. „Liebe auch".
In jedem Moment ist das Kind je nach seiner
Entwicklung 100% im Denken,
Fühlen, Handeln.
Der Weg ist das Ziel.
M.P.

Pluto

♈

Der rechte verletzte Flügel wird von
PLUTO, CHIRON und VENUS gebildet.
Er steht im 7. Haus und in dem Tierkreiszeichen STEINBOCK.
Hier wird durch den Engel mit PLUTO der Schöpferkraft ein wichtiger Hinweis
auf die Bedeutung der Partnerschaft gegeben.
Der verletzte Flügel symbolisiert die verletzte Frau,
der vergangenen tausend Jahren.
Der Engel fühlt seine Kraft und erlebt, wie schön es ist,
mit dem gesunden Flügel stark und kraftvoll durch den Himmel zu fliegen.
Doch wann wurde der rechter Flügel gebrochen?

WARUM?

Diese Frage konnte ich mir bis heute nicht beatworten.
Wer kann mir dabei behilflich sein

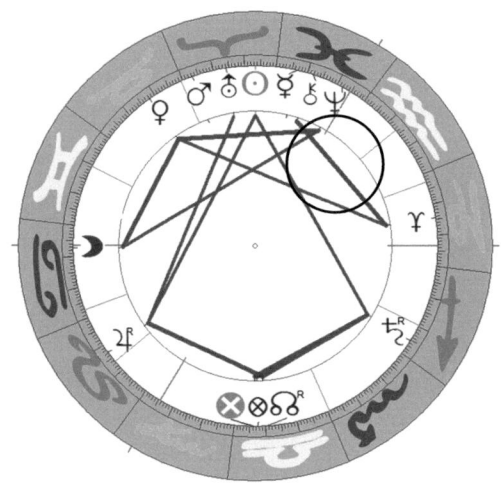

Uranus

Steht an dieser Stelle im 10. Haus WIDDER neben der SONNE,
dabei ist nicht zu über sehen,
dass das WASSERMANN–ZEITALTER angefangen hat.
Denn im 10. Haus wird URANUS seine Kraft und Energie einsetzen,
um die Welt zu retten.
Selbst URANUS weist mit seiner Stellung im 10. HAUS darauf hin,
dass das Kämpfen für Gerechtigkeit
nur im Sinne der ALL-LIEBE geschehen darf.

Körper, Seele und Würde eines
ANDEREN
dürfen nicht verletzt werden.

Und jeder Einzelne setzt sich dafür ein.
Die Welt zu verbessern und Ideale zum Ausdruck bringen, geschieht nun im
Einklang mit dem Nächsten.
Der Mensch ist nun des Menschen Freund und alle Kräfte,
die dafür notwendig sind, sind glücklicherweise vorhanden.

Zum Bild

Hier stehen fünf Kinder
von unterschiedlicher Hautfarbe,
stellvertretend für die Bevölkerung.
Umarmen und halten sich an den Händen
als Ausdruck für den Weltfrieden.
Ihre Kleider sind weiß, weil sich ihre Farbigkeit noch nicht zeigt.
Die „**NEUE ZEIT**" entfaltet sich langsam aber stetig.
Der **GOLDENE MENSCH**" erwächst aus dem Kind.
Auf dem Kopf der 1000 Blättrige Lotus als Ausdruck
für voll erwachtes MENSCH SEIN.
Seine Augen sehen nicht, NEUES ist nicht vorhersehbar.
Es lässt sich erahnen und mit dem inneren Auge als Vision sehen.
Die Vögel in ihren Händen
machen sich auf zum Flug in die NEUE ZEIT.
Legen wir vertrauensvoll die Welt in die Hände und ins HERZ
unserer ZUKUNFT als Menschen.
Die grünen Jungpflanzen stellen das Neue dar.
Eiszapfen als Ausdruck erstarrter Lebensform
schmelzen durch unsere
heißen Herzen der Liebe.
M. P.

Uranus

Zum Bild

Frau/GÖTTIN in Meditation.
Sie sitzt auf einem Lotus,
dem Symbol für die menschliche Geburt.
Auf dem Kopf den tausend blättrigen Lotus.
Lotusblüten entwachsen ihren Händen
als Symbol für Vergangenheit, Gegenwart und Zukunft.
Meditatives Dasein ist meine UR-HEIMAT.
In Meditation zu ruhen nimmt zu meiner UR-HEIMAT Kontakt auf.
Drittes Auge in der Stirn,
an den Händen und Füssen ranken Lotusblüten.
Geschmückt mit den Zeichen von Liebe, Mitgefühl und Weisheit.
Die Wandlung meiner selbst findet ohne es bewusst zu wollen statt.
ALL-LIEBE fließt einfach aus mir heraus.
Ich bin die LIEBE.
Ich bin das Mitgefühl.
Ich bin das Meer/Wasser um und in mir.
Ich bin die UR-HEIMAT.
In Kontakt mit ALLEN und ALLEM.
ALLE sind ICH und ICH bin ALLE.
M. P.

Neptun

Ψ

NEPTUN

in den FISCHEN steht am Übergang vom 9. HAUS/Weisheit
ins 10. Haus/Wahrheit.
Dass NEPTUN an dieser Stelle steht, offenbart,
 ass beide Kräfte der Achse wirksam sind.
Die Harmonie zwischen SONNE/Vater und ERDE/Mutter
wird durch die Persönlichkeits-Achse immer einzigartig sein,
da sie im Horoskop immer aus dieser einen Aspekt-Verbindung besteht.
Auf Augenhöhe stehen sie sich gegenüber,
um sich vertrauensvoll in die Augen zu sehen.
Die ALL-LIEBE erfährt hier ihren höchsten Ausdruck im Leben.

VENUS, MERKUR , MARS

Diesen Planeten betonen die Individualität der Menschen.
MERKUR bringt das Wissen und Denken.
VENUS will sich mit MARS in Liebe und Harmonie **ergänzen** und sich durch
eine gegenseitige Liebe bereichern.
MARS mit seiner Tatkraft und seinem Zielgerichtet sein will Fortschritt und
Weiterentwicklung ermöglichen.
Frau und Mann sind zwei unterschiedliche Wesen
doch erst zusammen FÜHLEN sie sich als ein **Ganzes**
Die Tierkreiszeichen-Schwingungen wollen sich auf der energetischen Ebene
zum **„WOHLE ALLER"**
wirksam über die ganze Erde ausbreiten.
Das Ergänzungspaar
Mann/**MARS**/Sonne und Frau/**VENUS**/Erde
Ohne Sie gäbe es uns Menschen nicht.
Die VENUS liebt das Schöne und die Harmonie.
Sie hat die Gabe, in dem Zeichen, in dem sie steht, Konflikte diplomatisch zu
lösen.
Dem Leben ausgewogen begegnen.
Die Mitte und innere Harmonie finden.
Diplomatische Lösungen anstreben und künstlerisch tätig sein
und allem Schönen einen Ausdruck verleihen.
Die ursprüngliche Verbundenheit
zwischen Frau/VENUS und Mann/MARS sollen in der traditionellen Form
wieder erlebt und ausgelebt werden.

Das **VENUS-Thema**,
Ich begegne dem Leben ausgeglichen.
Meine Mitte und innere Harmonie finden.
Künstlerisch tätig sein.
Diplomatie

Das **MERKUR-Thema**,
ich bin interessiert und neugierig.
ICH bringe mich mit meinen Vorstellungen ein.
ICH bin der Götterbote und bringe das WISSEN auf die ERDE.
Den anderen zu begegnen ICH um mich mit ihnen austauschen.
Information

Das **MARS-Thema**,
mein Mut und mein Wille, meine Tatkraft,
meine Entschlossenheit und Initiative
bringen das Leben und den Alltag in Schwung.
ICH muss und will handeln. Mit anderen konkurrieren.
Meinen Willen leben, aktiv und dynamisch sein.
Startkraft

Zum Bild

In einem Blütenmeer
steht auf dem goldenen Punkt,
der das Bewusstsein über das eigene Wesen,
eigene Standpunkte und Bedürfnisse usw. offenbart
VENUS.
Der Vogel auf ihrer Hand symbolisiert,
dass sie frei ist.
Schönheit in jeder Form festhalten zu wollen.
Sie kann sie kommen und gehen lassen, wie sie will.
Das blühende Leben ist ihr steter Begleiter,
Tanz ihr Ausdruck, Freiheit ihre Wahl,
Liebe ihr natürliches Bedürfnis.

M. P.

Zum Bild

Merkur wandelt zwischen
Himmelsinformation und ERDE-Information,
begleitet von einem Engel
und der Herz-Energie.
Durch das Herz
gehen alle ein- und ausgehenden Informationen.
Das Großzügige der Himmelsinformation ist,
sie allen frei zur Verfügung zu stellen.
Das Großzügige der ERDE ist
dem Himmel alles,
was und wie diese Informationen erfahren werden,
zu reflektieren.
So erkennt der Himmel sich selbst.
M. P.

MERKUR

ist im 10. Haus in den Fischen
durch eine Konjunktion mit dem ganzen Aspekt-Bild verbunden,
jedoch nicht im Engelbild.
Was sollen wir daraus erkennen?
Soll das heißen, dass die Neuen Informationen sich erst noch bilden und
heraus kristallisieren müssen, oder reicht die Information?
Wir wechseln in ein Neues Zeitalter!
Ins „**GOLDNE ZEITALTER**"
Wann stufen wir Intelligenz und Wissenschaft nicht mehr höher ein als Gefühl
und Spiritualität!
Das Gefühl und der Verstand sollen sich endlich auf Augenhöhe begegnen!
Es ist Merkurs Auftrag, weil er besitzt die Gabe,
anderen zu begegnen um mit ihnen Wissen auszutauschen.
Im FISCHE-Zeichen hat dies folgende Bedeutung:
Andere nicht mit Worten verletzen, sondern sie mit Einfühlung wählen.
Mit Merkurs Kommunikation - und Informationsfreude haben wir die
Möglichkeit alles Wissenswerte, was wir für unser Leben brauchen,
zu integrieren und zu nützen.
Durch Kommunikation komme ICH in Kontakt mit dem DU.
Durch das Ansammeln von Wissen, vergrößere ICH meinen geistigen Reichtum.
Merkur bringt meinen Wissensdurst zum Ausdruck. Ich lerne sehr gerne,
und wenn ICH viel weiß, macht mich das sicher und glücklich.
Merkur, der Götterbote, bringt das Wissen des Universums herunter zu den
Menschen auf die ERDE.

MARS

Steht in diesem Horoskop in seinem souveränen
Tierkreiszeichen WIDDER-Startkraft.
Vieles spricht dafür, dass er mit ganz neuer Energie startet.
Er steht mit dem aufsteigenden Mondknoten zusammen im 10. Haus.
Wahrheit, Pflichten und Grenzen respektieren.
Dass er an dieser Stelle steht, könnte darauf hinweisen,
dass er gefordert ist, seine Wahrheit zu erkennen,
seine Plichten für die Menschheit übernehmen,
loszulassen von seiner Lust Kriege anzuzetteln.
Die Grenzen anderer nicht mit Gewalt überschreiten.
MARS wird von keinem einzigen Planeten,
in diesem Horoskop aspektiert ,
Das heißt jedoch nicht, dass er nicht gedeutet werden soll,
„sondern macht er uns hier in der Deutung darauf aufmerksam,
dass er ganz bewusst wahrgenommen werden will".
Er muss in diesem Horoskop einer ganz genauen Prüfung
unterzogen werden,
da der absteigende Mondknoten zusammen
mit SONNE, URANUS und Mars im WIDDER 10. Haus stehen
wird diese geballte Kraft eingesetzt und das Ziel

mit der Feuerkraft von Mars, im Sinne des Engels für den Frieden einzusetzen.

Zum Bild

Den Bund mit dem Leben schließen.
Lebensbund eingehen.
Darauf anstoßen, feiern, Lebensstart zünden.
Geboren in die Wirklichkeit Mensch.
Angezogen sein vom Leben.
Ein junges Paar in der Pubertät noch nicht voll bewusst
seiner Kräfte. Doch die Anziehung lässt die Freude erstrahlen.
Die inneren Kräfte entfalten sich ohne Zutun
von irgendwelchen Hilfsmitteln.
Die Flamme des Lebens strahlt hell. Der rote Hintergrund
deutet auf die unerschöpflichen Lebenskräfte hin.
Alles geht spielerisch und leicht.
Noch ist ihre Schöpferkraft darauf beschränkt,
sich zu berühren und sich zugewandt zu sein.
Alles ist noch offen. Die Herzen lernen gerade,
auf ihre Stimme zu hören, das Lied ihres Lebens
anzustimmen. Ruhe und Spannung lösen
sich in stetem Wechsel ab.
Welch eine kostbare Zeit.
Genieße sie.
M. P.

Mars

♂

Im Wassermann -Zeitalter

haben wir die Möglichkeit,
die MARS-KRAFT neu zu definieren.
 Das was der Vergangenheit angehören muss,
„sind Kriege.“
Nichts soll mehr mit dieser Energie gespeist werden.
MARS wird wie Phönix aus der Asche auferstehen
und **seine Startkraft**, seinen **Lebensimpuls** und **Überlebenswillen**
ab jetzt in lebenserhaltender FORM zum Ausdruck bringen.
Sein **Siegeswillen** wird für das **LEBEN** eingesetzt.
Diese freigesetzte Kraft können wir nun nutzen,
 um die Regeneration und Wiederherstellung
unserer **MUTTER ERDE** zu erreichen.
 Die kriegerische, zerstörende MARS Kraft ist in diesem Horoskop
nicht mit dem **GANZEN Aspekt-Bild** verbunden.
 Er steht ganz allein, ist nicht aspektiert.

Daraus schließe ich, dass MARS sich nicht länger für Kriege missbrauchen lässt.

Die 8 Häuser

1. Haus

2. HAUS

4. Haus

5. Haus

In diesen 8 Häusern befinden sich die Planeten des Engels-Horoskop. In den Häusern wird das Entwicklungspotenzial erkannt und in Erfahrung gebracht.
In dem Buch **„Einstieg in die Astrologie"** sind die 12 Häuser beschrieben.
Diese Bilder bringen die Lebensfreude, Lebenskraft und Lebenslust zum Ausdruck. So schön ist das Leben!

7. Haus

9.Haus

10.Haus

11. Haus

Die 8 Tierkreiszeichen

WIDDER

STIER

KREBS

10 Planeten die den Engel
bilden, befinden sich in diesen
8 Tierkreiszeichen.

LÖWE

WAAGE

SCHÜTZE

STEINBOCK

FISCHE

Drei bedeutsame Aspekt-Bilder

Engel des Friedens

Band 2

Das Kind ein Stern

Band 4

Die Dreieinigkeit Familie

Band 3

Das sind für mich drei
der bedeutsamen
Aspekt-Bilder aus dem

**Epochalen Horoskop
vom
27.03.2015**

Schlusswort

Ich habe lange nach Horoskopen gesucht,
die ähnlich faszinierende Aussagen beinhalten könnten.
Bis heute habe ich noch nichts dergleichen gefunden.
Außer am 8.11.2003 standen die Planeten so zueinander,
dass ein Davidstern oder Pentagramm sichtbar wurde.
Am 11.05.2011 kam das Kind Konstantin zur Welt
mit dem neunzackigen Stern.
Auch ein ganz außergewöhnliches Aspekt-Bild.
Sternhoroskope sind etwas besonders Schönes.
Doch der ENGEL überstrahlt alles, was ich jemals
zum Deuten gesehen habe.
Ich empfinde es als eine Gnade,
dass es mir sichtbar gemacht wurde.
**Der fünfzackige Stern, der sich mit der Feuerenergie zum
siebenzackigen Stern entwickelt hat.**
Wird in dem Buch „**Das Kind ein Stern**" ausführlich beschrieben.
Es ist schon außergewöhnlich,
dass auch dieses Aspekt-Bild
in dem Horoskop vom
27.03.2015
abgebildet ist.

Außergewöhnliche Sternbilder, der Engel ist einmalig

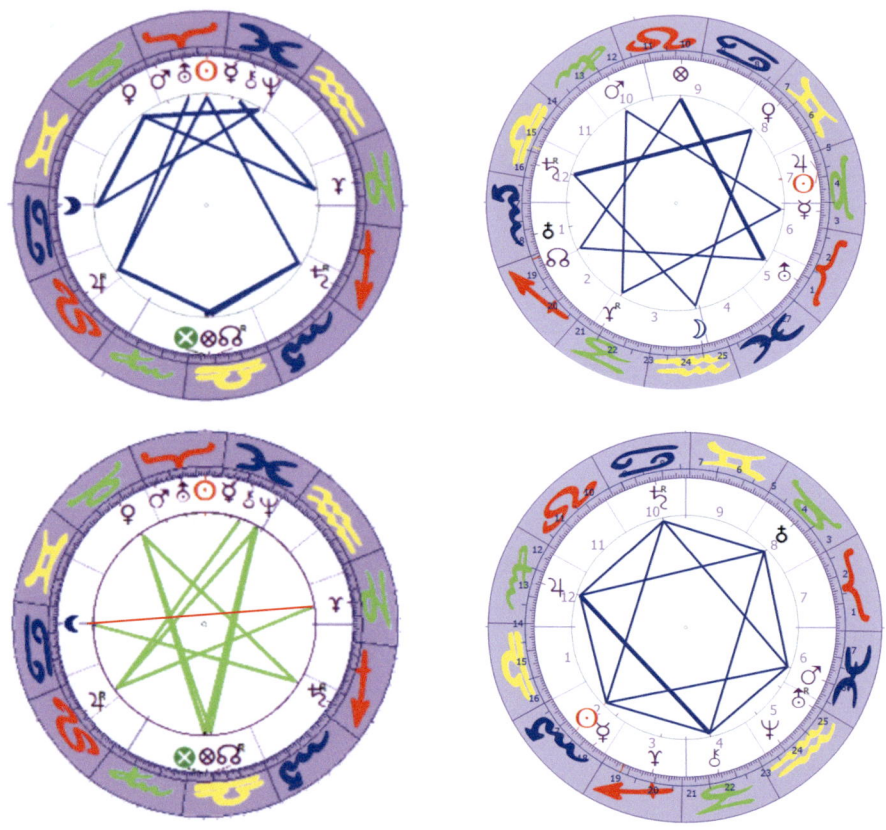

Der Nordstern/Polarstern wird durch einen siebenstrahligen Stern dargestellt.
Dieser hilft nicht nur den Seefahrern, in der Nacht Kurs zu halten,
sondern auch den Menschen ihren Lebens- und Seelenweg zu finden.

Nachwort

Nach meinem Studium der verschiedenen Astrologie-Richtungen und -Schulen bin ich besonders mit der umfangreichen Literatur von Louise und Bruno Huber in geistige Resonanz getreten:
Das Studium ihrer zahlreichen Büchern ist das Fundament,
auf dem ich mein Wissen über die Astrologie aufgebaut habe.
Sie haben mir beeindruckend vermittelt,
dass die göttliche Einheit aus der Dualität
von Vater/SONNE/Mann und Mutter/ERDE/Frau zusammen wirken muss,
damit Liebe und Frieden ihren Ausdruck finden.
Louise und Bruno Huber haben sich als PAAR in ihrer ARBEIT ergänzt und diese Gemeinsamkeit in ihrem Lebenswerk hervorragend zum Ausdruck gebracht.
Bei ihrem astrologischen Wirken überschritten sie Grenzen
und sind neue Wege gegangen.
Die Bücher von
Ursula Fassbender "Die Erde, der vergessene Planet"
und "Intuitive Astrologie" sowie
von "Norbert Teupert "Der Stier und seine Lebensrätsel„
haben mir gezeigt,
dass sich auch schon andere Astrologen mit diesem Thema beschäftigten.
Das Fehlen der ERDE im Horoskop wurde zwar angesprochen,
aber sie haben die ERDE bis heute nicht in die Astrologie integriert.
Ich wollte es nicht länger akzeptieren,
dass die ERDE weiterhin unbeachtet bleibt.
Seit ich meine Horoskope mit der ERDE-Kraft deute,
bin ich achtsamer mit mir und meinen Mitmenschen.

DANKE

All Denen ein herzliches Dankeschön,
die mir stets zur Seite stehn,
denn mit jedem wurde mein Leben reich,
deshalb es einem Kaleidoskop gleicht.
Einmal gedreht,
niemals das gleiche Bild entsteht.
Dieses tolle Farbenspiel
symbolisiert in meinem Leben viel.
Jedem möchte ich danke sagen,
IHR habt dazu beigetragen
zu meinem erfüllten Leben,
ich durfte oft auf Wolken schweben.
Neptun lehrt uns den Nächsten zu lieben,
mit ALL-LIEBE ist dieses Buch geschrieben.
Die ALL-LIEBE berührt uns überall
so wie der wärmende Sonnen-Strahl.
Das Paradies kommt in jedem Falle
im Wassermannzeitalter für ALLE.

Meinem Mann Alfred möchte ich DANKE sagen,
denn Du hast am meisten dazu beigetragen.
Mit Humor und Deiner Liebe, ich sag es mit Wonne,
ich bin Deine **Erde** und Du meine **Sonne**.

Über die Autorin

Heike zeichnet sich durch ihre starke Beziehung zur Familie aus.

Sowohl zur eigenen Stammfamilie, in der sie aufgewachsen ist, als auch zu ihrer Familie, die sie sich im Laufe ihres Lebens aufgebaut hat.

Auch bei Freunden und anderen Menschen ist sie immer bereit zu helfen. Ihre große Freigiebigkeit ist unvergleichlich. Ich habe es selbst viele Male erfahren.

Da Heike mich gebeten hat, für sie die Bilder, zu ihrem Buch über die ERDE zu malen, stehen wir nun seit fast zwei Jahren in enger und inniger Verbindung. Durch unsere gegenseitige Reflektion und regen Austausch habe ich sehr viel über die Astrologie gelernt, so dass ich nun ziemlich genau weiß, warum sie dieses Buch schreiben musste.

Unsere Seele spürt genau, wenn es Unstimmigkeiten in uns oder in unserem Umfeld gibt. Das ist der Grund, warum ich denke, dass sie gezwungen war, sich mit der Astrologie und den Horoskopen auseinanderzusetzen.

Nur dadurch konnte sie erkennen, dass die ERDE als Planet, in der Berechnung von Horoskopen unterschlagen wurde.

Für sie wurde der Mangel besonders deutlich spürbar, weil Heike eine im Tierkreiszeichen Stier geborene Frau ist.

Und die ERDE gehört vom Seelen -und Erlebnisraum unbedingt zum Stier.

Sie war doppelt benachteiligt durch die nicht entsprechende Planetenkraft und den fehlenden Identifikationsraum als Frau.

Jetzt hat sie sich einfach beides gegeben, und dabei auch noch allen Frauen ihre Identifizierung als ERDE, Frau und Mutter (auch wenn das Mutter sein nicht oder noch nicht eingetreten ist).

Danke, Heike!

Madeleine Pfeilsticker

Über die Künstlerin: Madeleine Pfeilsticker

Planeten, Tierkreiszeichen und Häuser wurden von meiner
Schwester Madeleine mit Intuition und großem Einfühlungsvermögen
für diese Buchreihe neu kreiert.
In ihren Texten beschreibt sie, welche Gefühle, Gedanken und Emotionen sie
dabei begleiteten.
Ihre Texte stehen neben ihren Bildern und Zeichnungen und sind mit
M.P. unterschrieben und in einem Kreis.
Da meine Schwester sich nicht so viel mit Astrologie beschäftigt hatte, war es
für mich sehr hilfreich, ihr die Astrologie bis in alle Einzelheiten zu erklären.
So konnte ich besonders gut erkennen und erfassen, dass **Göttin Mutter ERDE**
nicht länger im Abseits stehen darf.
Wie eine Löwin, die ihr Löwenbaby beschützt, setzte sie ihre Kraft und Weis-
heit ein, damit meine Lebensaufgabe in diesem Leben von mir vollendet
werden konnte.
In diesem Bereich kann ich unsere Wesensähnlichkeiten erkennen.
Was uns beiden wichtig ist, ergänzt sich in diesem Buch.
Wir beide sind mit diesem Buch gewachsen
und haben uns gegenseitig ermöglicht,
unsere Talente und Fähigkeiten zu verwirklichen.
Heute erkenne ich, ohne SIE wäre unser Buch nicht das,
was es zusammen mit IHR geworden ist
Danke,
mein Schwesterherz Madeleine!

Hinweis

Wer gerne seine ERDE im Horoskop erfahren möchte,
kann mich so erreichen:
Heike Schmitt
Steppachweg 98
74172 Neckarsulm
E-Mail: mutter.erde.vater.sonne@web.de
Beratungen nach Vereinbarung.
Astrologie-Kurse biete ich ab sechs Personen an,
je nach Wunsch auch samstags oder sonntags.
Tageskurs inklusive Erstellung des eigenen Horoskops: 85,- € pro Person.
(Wer eine Gruppe von mindestens sechs Personen anmeldet,
erhält den Tageskurs für sich gratis.)
Individuelles Horoskop mit der ERDE und 1,5 Stunden Beratung: 75,- €.

Im Januar 2015 fand ich nach langem Suchen das **„Astrocontact Astroplus.**
Nun konnte ich auch die ERDE mit der SONNE zusammen im Radix (Horoskop-Bild)
erstellen. Herr P. war so freundlich, auf meinen speziellen Wunsch, mir die ERDE
in sein Programm zu installieren, damit ich die ERDE mit allen anderen Planeten
zusammen endlich in die Deutung einbeziehen konnte.
Die Horoskop-Grafiken im Buch, sind mit seiner Erlaubnis aus diesem Programm
erstellt.

Die **Grafiken** zur AP Huber „Astrologischen Psychologie" von Harald Zittlau.

Verlag: BoD -Books on Demand,
ISBN   9 783748 192497

Mutter und Vater wird man erst genannt,
wenn ein Kind von ihnen geboren wurde.
Mit Mutter/Mama und Vater/Papa bekam die
Frau/der Mann einen
neuen Status, sie waren nun **Eltern - und eine**
„Dreieinigkeit FAMILIE"
Geschützt im Wassermann-Zeitalter
Mutter Erde Kind Mond Vater Sonne

„Die Dreieinigkeit Familie"
Dieses Buch ist mir ein besonderes Anliegen. Da die Familie, das Herz eines Volkes
ist, habe ich über das epochale Horoskop erkennen können, dass der Schutz der
Familie, das zentrale Thema im Zeitalter Wassermann sein wird und auch sein muss.
Vater Kind Mutter Schöpfer/Gott
Wie ist es möglich, dass das Aspekt-Bild darauf hinweist, wie elementar wichtig die
Familie ist.
Weder ein Mann noch eine Frau können sich vorher vorstellen, welche Gefühle mit
der Geburt ihres Kindes bei ihnen ausgelöst werden.
Wer das erleben darf, wird sich dieser Kostbarkeit erst durch das Kind bewusst.
Jedes Kind bringt ein Stück vom Paradies zurück auf die Erde. Mit dem Kind, das aus
dieser Liebe von einem Paar, ins irdische Leben geholt wird, erleben wir Menschen
die edelsten und schönsten Gefühle von Glückseligkeit.
Für mich ist die Familie der Garant für gelebten und erlebbaren Frieden auf der
Welt.
Wo sonst können Liebe und Vertrauen besser gedeihen als in einer traditionellen
Familie.

Verlag:
BoD - Books on Demand,
ISBN   9 783748 122142

Das Buch Band 1a

„Die Auferstandene Mutter ERDE"

möchte den Leser auf das Fehlen des Planeten ERDE, in seiner Symbol-Kraft, in der
Astrologie aufmerksam machen!
Ich frage mich schon seit vielen Jahren, fehlte der Planet Erde schon immer?
Je länger ich darüber nachdachte um so frag würdiger erscheint es mir, dass der Planet
ERDE in seiner Symbolkraft, im Horoskop fehlt und die ERDE nur als
Berechnungs-Punkt genügen soll.
Dem Mond/Kind = Gefühls-ICH wurden die Mutter-Themen und dem Saturn als Ersatz
das Körper-ICH zuzuordnen.
Wie kann man den Planeten Erde so zwingend ignorieren, dass es noch absichtslos
aussehen soll?
Besonders für uns Frauen ist das Wissen um unsere ERDE im Horoskop sehr wichtig.
Sie stärkt unser Selbstbewusst sein und macht uns frei. Seit ich meine ERDE in Besitz
habe fühle ich mich in meinem weiblichen Ausdruck vollständig.

ISBN 9 783751 907859

Mit 14 Jahren begann ich meine ersten Gedichte zu schreiben.
Zuerst wollte ich diese schlichten Gedichte nicht veröffentlichen, doch dann entschied ich mich, sie mit in das Buch zu stellen, da sie auch zu meinem Entwicklungs-weg gehören.
Inspiriert wurde ich von den Lebens-Themen, die mich auf der seelischen Ebene beglückten. Barbara, dir ein herzliches Danke für deine Korrektur.
Sie meinte:
Es hat beim Lesen sehr viel Spaß gemacht!
Deine vielen guten Gedanken haben mich sehr beeindruckt.
Schön, dass es jemanden wie dich gibt, der solche Gedanken zu Papier bringt!